A LA RECHERCHE DE LA VÉRITÉ

SUR

L'ÉVACUATION DE LANG-SON

LE GÉNÉRAL BRIÈRE DE L'ISLE

ET

LE COLONEL HERBINGER

EXTRAIT DU *CORRESPONDANT*

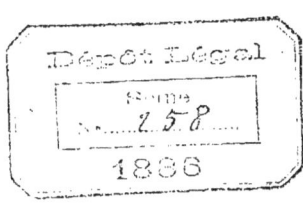

PARIS

JULES GERVAIS, LIBRAIRE-ÉDITEUR

29, RUE DE TOURNON, 29

1885

A LA RECHERCHE DE LA VÉRITÉ

SUR

L'ÉVACUATION DE LANG-SON

L'évacuation de Lang-Son est en train de passer à l'état d'énigme historique comme le Masque de fer. Et encore le prisonnier de Pignerol, quelque illustre que fût sa naissance ou redoutable son secret, ne pouvait-il avoir pour le pays qu'un simple intérêt de curiosité, tandis qu'ici il ne s'agit de rien moins que de la moitié de nos forces aventurées dans l'extrême Orient, et l'histoire d'une brigade ne se confisque pas comme celle d'un individu.

L'échec de la 2ᵉ brigade nous préoccupe cependant moins que ce mystère, qui va toujours s'épaississant tant sur les causes de la défaite que sur le partage des responsabilités engagées.

Un fait militaire ne se dissimule pas comme une intrigue politique; heureux ou malheureux, il appartient au pays, qui paye de son sang le droit de lire à livre ouvert dans l'histoire de son drapeau. Pourquoi donc sur celui-là tant de voiles accumulés comme à plaisir, quel intérêt d'État peut justifier cette vaste conspiration du silence! Car elle existe, c'est visible; elle s'étend sur tous les moyens d'information.

Nous ne réclamons certes pas du câble sous-marin qui nous relie à Haïphong qu'il nous livre ses secrets officiels; nous nous contentons des miettes de vérité qui tombent de la table ministérielle. Mais enfin il y a des rapports, des journaux de marche, de siège! Il y en a de toutes sortes, de toutes dimensions, avec croquis à l'appui. L'on peut même dire que toute cette paperasserie a pris de nos jours une place considérable dans les opérations militaires. Serait-ce, grâce à la marche ascensionnelle de l'humanité qu'on fait plus qu'autrefois, puisqu'on en raconte beaucoup plus; ou bien plutôt espère-t-on ainsi se grandir à la taille d'un passé qu'on n'atteint plus dans les actes! Nous ne savons. Ce qui est certain, c'est que le Tonkin a inondé la rue Saint-Dominique de ses documents. Celle-ci d'ordinaire les garde avec un soin jaloux, comme c'est son droit, et en cela elle fait souvent preuve d'une extrême bienveillance pour la réputation de leurs auteurs. Toutefois elle sait se départir aussi de sa rigueur, lorsqu'elle sent le besoin d'ajouter un rayon à l'auréole gouvernementale : alors elle fait largesse au public. Or il est arrivé que ce public, mis de moitié dans toutes les confidences heureuses, a cru qu'on ne pouvait pas décemment lui souffler comme une muscade le récit du fait principal de la campagne par cette simple raison qu'on était en présence d'un revers et non d'un succès. Le ministère avait beau jeu pour répondre. La justice militaire ne venait-elle pas d'être saisie de l'accusation portée par le général Brière de l'Isle contre le colonel Herbinger, était-il convenable d'ouvrir une enquête contradictoirement avec la sienne? Aujourd'hui que cette même justice militaire a parlé, c'est une autre guitare ; on fait valoir qu'il serait malséant de marcher sur ses brisées. La fôôôrme, comme dit Brid'oison, est une belle chose, c'est l'enterrement de la question, avant comme après. Avant l'enquête, on était rigoureusement tenu à ne pas entraver l'action de la justice; après, on est non moins inflexiblement astreint à respecter le secret de sa décision. Décidément le silence est d'or.

Celui du gouvernement, pour qui lit entre les lignes, n'est pas pour étonner; celui de la presse paraîtra plus surprenant. Oh! les articles n'ont pas manqué, des articles de personnalités, au hasard des inspirations. L'on s'est tu sur cela seulement qui était intéressant, sur le récit même des faits. Et cependant les correspondants de journaux ont aujourd'hui droit de cité dans nos camps, la place qu'ils y tiennent n'a rien de précaire, on n'a jamais entendu dire que l'accueil d'un état-major ait été pour les rebuter. Seulement le contact est trop immédiat avec les principaux intéressés, le jugement s'en ressent dans son impartialité, et la liberté de tout dire souffre un peu nécessairement de la facilité même qu'on a obtenue de tout connaître.

Ainsi, par ce temps de presse et d'indiscrétions à outrance, malgré des communications officielles et privées, rapides et incessantes, en plein ouragan de licence parlementaire, voilà un événement extraordinaire qui se produit, qui réunit, chose rare, tous les Français dans un même battement de cœur, et nous en sommes encore à nous demander comment tout cela a bien pu se passer, et, s'il y a eu faute dans le commandement, à qui l'imputer? Comment se fait-il que depuis le 30 mars dernier, l'œil le plus exercé n'ait rien pu discerner dans la noire sombreur de ce brouillard complaisant qui monte des rizières tonkinoises et semble prendre à tâche de décourager l'investigation? Pourtant notre curiosité n'est ni malveillante ni insatiable. Tristement surexcitée, elle avait droit à satisfaction, et les prétextes dilatoires inventés pour lui refuser la vérité ne la lasseront pas dans la recherche des responsabilités en jeu et dans l'œuvre de justice distributive qu'elle poursuit.

C'est en groupant les informations données lambeaux par lambeaux par les journaux, en classant les faits et les dépêches par ordre de dates, en mettant aussi en lumière quelques notions de bon sens trop oubliées, que nous espérons arriver à dégager, tant bien que mal, l'inconnu d'une situation aussi embrouillée. D'autres viendront après qui feront mieux. La vérité aura son heure de rayonnement. Nous n'avons pas la prétention de l'apporter, nous la cherchons, ce qui est bien différent, et, s'il arrivait, malgré notre circonspection, que nos suppositions fussent erronées, ce serait pour nous une rare bonne fortune que de les voir rectifier par des documents authentiques.

Chacun se rappelle quel saisissant effet eut la nouvelle de la perte de Lang-Son. La vie de Paris en fut suspendue, cette émotion gagna la France entière, ce fut une stupeur générale, presque un deuil national. Et pourtant ce mouvement de recul, même présenté avec le malencontreux apparat de douleur du général Brière de l'Isle, justifiait-il une alarme si chaude? De quoi s'agissait-il, en somme?

Une brigade jetée inconsidérément trop en flèche, entraînée toujours plus loin, sous prétexte « de se donner de l'air », par la bouillante témérité d'un chef plus brillant que réfléchi, laquelle tout à coup perd de son assurance et de ses forces à mesure qu'elle se sent par trop aventurée, se démoralise après un échec sérieux, et continue son mouvement rétrograde, sans trop savoir s'il est suffisamment justifié; mais c'est là une histoire de guerre comme il s'en trouve partout, comme il en arrivera encore bien souvent. Tout ce qui la distingue, c'est qu'on ne prend pas aisément son parti d'apprendre que des Français, fussent-ils un contre dix, ont reculé devant des Chinois, même à égalité d'armement. Non, cette retraite eût été acceptée comme elle devait l'être, avec tristesse, mais sans la moindre panique, si une forte dose d'exaspération ne s'était pas peu à peu amassée en nous devant la persistance et le cynisme du mensonge officiel, qui viciait tout, absolument tout ce qui touchait à l'extrême Orient. Dès l'origine, dans cette malheureuse affaire du Tonkin, tout a été duperie et mensonge. Les communications enthousiastes du gouvernement, — mensonge ; les dépêches officielles mises en circulation, — mensonge, car il est prouvé qu'à part celle qui causa la chute du ministère Ferry, il n'en est pas une qu'on n'ait arrangée ou mutilée pour les besoins de la cause ; les récits des opérations, les comptes rendus publiés sur chaque affaire, — mensonges ou exagérations mensongères, car la résistance n'a jamais été aussi sérieuse qu'on l'a faite, et bien des gens auront passé héros à bon marché ; ces combats retentissants qui signalaient, à jour dit, à heure fixe, l'ouverture de chaque session parlementaire, — mensonge et ridiculisation de cette chose si grave, la voix du canon !

Et dans un autre ordre d'idées, ces mines à exploiter, ces provinces déjà pacifiées, ces régions heureuses livrées aux douceurs d'un commerce renaissant et d'une agriculture prospère, cette colonie qui s'apprête à rémunérer la métropole de ses sacrifices, — mensonges sur toute la ligne, car la révolte est partout, les pirates sillonnent le delta, les missionnaires et les chrétiens sont massacrés sans qu'on y prenne garde, et notre nouvelle possession attend toujours un port digne de ce nom ! A force de grossir les événements, d'inventer une légende héroïque, la fiction nous étouffe, l'œil s'est déshabitué de voir les choses sous leur vrai jour, d'attribuer aux faits leur vraie portée. Et l'on s'étonnerait, après avoir ainsi enflé la réalité, qu'un simple revers ait pris devant l'opinion les proportions d'un désastre ! L'hyperbole se retournait maintenant contre ceux qui s'en étaient trop servi.

Au moment même où M. Jules Ferry affirmait, avec l'autorité qui lui appartient, l'excellence de notre situation militaire et la réussite de nos projets au Tonkin, le général Brière de l'Isle lançait sa fameuse dépêche. La Providence a de ces châtiments. Le samedi soir, le président du conseil disait avec orgueil :

Le général de Négrier a en main les forces nécessaires pour tenir à Lang-Son ; la pleine possession des frontières du Tonkin nous est acquise, et nous sommes dans la meilleure situation pour traiter, si l'on veut traiter. Chacun derrière sa frontière. Si la Chine ne franchit pas la frontière du Tonkin, la France ne franchira pas celle de la Chine. Sur le plan de campagne et sur les dispositions combinées, vous me permettrez de ne rien ajouter. Je suis résolu à ne jamais apporter ici le plan des opérations militaires. Les plans, il faut laisser le soin de les faire à ceux qui en ont la responsabilité. Notre seul devoir est de leur donner les ressources en hommes et en argent qui leur sont nécessaires, et ce dernier, nous l'avons pleinement accompli.

A cette assurance répondait, le dimanche matin, la dépêche suivante :

Hanoï, 28 mars, 11 h. 30 soir.

Je vous annonce avec douleur que le général de Négrier, grièvement blessé, a été contraint d'évacuer Lang-Son. Les Chinois, débouchant par grandes masses sur trois colonnes, ont attaqué avec impétuosité nos positions en avant de Ki-Lua. Le colonel Herbinger, devant cette grande supériorité numérique et ayant épuisé ses munitions, m'informe qu'il est obligé de rétrograder sur Dong-Son et Than-Moï. Je concentre tous mes moyens d'action sur les débouchés de Chu et de Kep. L'ennemi grossit toujours sur le Song-Koï. Quoi qu'il arrive, j'espère pouvoir défendre tout le delta. Je demande au gouvernement de m'envoyer le plus tôt possible de nouveaux renforts.

Le lendemain, lundi, le ministère Ferry tombait sous la réprobation de la Chambre.

D'ordinaire, plus on est loin d'un événement, mieux on est placé pour l'envisager avec sang-froid et virilité. Ici, c'est tout le contraire. L'on dirait que l'affolement est en raison du carré des distances. Nous ignorons quelle a été la dépêche du colonel Herbinger au général Brière de l'Isle, pourtant nous sommes convaincu qu'elle n'était pas aussi larmoyante que celle de son chef hiérarchique. Si le colonel Herbinger a été victime de son imagination, s'il a exagéré la situation, à coup sûr un écart de jugement est excusable chez l'homme qui vient de battre en retraite l'épée dans les reins depuis Bang-Bo, comme on le verra par la suite. Il ne l'est plus de la part du chef qui préside à distance aux destinées du corps expéditionnaire ; sa vue doit percer plus loin et plus juste, ses aperçus doivent être plus étendus et ses nerfs moins irritables. Il est enfin tout à fait indigne du chef d'un gouvernement, qui doit porter si haut en son cœur le sentiment de son devoir tutélaire qu'il ne faiblisse jamais, même si Carthage était aux portes de Rome. Le courage de M. Jules Ferry n'était pas de cette trempe, il a suffi du télégramme du général Brière de l'Isle pour en avoir raison. On assure que lorsque cette malheureuse dépêche, parvenue directement au ministère de la guerre, suivant l'usage, lui fut transmise au moyen du téléphone par l'officier de service, l'instrument ne rapporta comme réponse que le bruit d'un sanglot et une exclamation douloureuse. Nous ne savons ; toujours est-il que l'homme d'État ne se possédait plus, que la dépêche lui échappait des mains comme s'il était frappé d'inconscience, et que, pour la première fois, la France lisait la vérité sur le Tonkin, absolument comme les ministres.

Aux yeux des militaires, cette sinistre dépêche s'illuminait pourtant d'une lueur d'espérance : on était unanime à proclamer que nul plus que le lieutenant-colonel Herbinger n'était capable de recueillir l'écrasante succession du général de Négrier. Herbinger était connu de toute l'armée. Depuis Saint-Cyr, où il figurait le premier à l'entrée comme à la sortie, il était resté si en vue, que le général Lewal n'avait pas hésité à confier au jeune chef de bataillon l'enseignement de la tactique d'infanterie à l'école de guerre. La tâche était absolument nouvelle, elle était non moins pratique que théorique, Herbinger s'en était acquitté de manière à s'ouvrir l'avenir des plus hautes destinées militaires. Son nom était la meilleure garantie de l'opportunité et de la bonne exécution d'une mesure militaire, quelle qu'elle fût. S'il continuait à rétrograder, c'est que la retraite s'imposait, et l'on pouvait avoir confiance qu'entre ses mains elle ne se changerait pas en déroute. Telle fut l'impression dans l'armée, l'écho s'en retrouve dans tous les journaux. Aussi l'émotion fut-elle profonde, lorsque le général Brière de l'Isle mit brutalement sur le dos de son subordonné la perte de Lang-Son. Franchement on ne s'y attendait pas. La dépêche est du 1ᵉʳ avril :

La blessure du général de Négrier va aussi bien que possible. Il n'a pas de fièvre. L'évacuation de Lang-Son, à la suite de la blessure du général de Négrier, semble avoir été précipitée, surtout après la réussite d'une contre-attaque de notre part, sans pertes sensibles pour nous.

La brigade avait vingt jours de vivres et de munitions, qui lui permettaient d'attendre les convois en route et annoncés. On ne s'explique pas non plus l'évacuation si rapide de Dong-Son. Jusqu'à présent les Chinois semblent vouloir seulement occuper leurs anciennes positions au nord de Déo-Quan et de Déo-Van. La situation est en résumé meilleure que ne le faisaient supposer les renseignements exagérés qui m'étaient parvenus depuis quatre jours.

Herbinger était jeté à l'eau, il n'y avait plus qu'à le noyer. Il était flétri devant ses troupes par un ordre du jour accablant; elles apprenaient qu'en tombant entre ses mains, le *commandement était tombé entre des mains insuffisamment préparées;* il était relevé de son commandement, et celui qui le remplaçait avait comme mission, non pas de s'occuper des Chinois, mais de faire une enquête rigoureuse sur la félonie de son prédécesseur; il était enfin dénoncé comme ayant manqué gravement à l'honneur : on demandait qu'il fût traduit devant un conseil de guerre. L'exécution était féroce. Quand on a du sang de Toussaint-Louverture dans les veines, comme le général Brière de l'Isle, on n'est pas tendre.

Quelque coupable que pût être le lieutenant-colonel Herbinger, il eût été pourtant dans l'intérêt du général Brière de l'Isle de traiter son subordonné avec quelque magnanimité. En France, on répugne à ces égorgements ; si l'esprit est devenu démocratique, le tempérament est resté chevaleresque ; on a horreur des sales besognes. Or il y avait là quelque chose qui révoltait les instincts nobles de notre race, quelque chose qui choquait la traditionnelle grandeur d'âme de notre armée. Quoi ! chez nous, dans la patrie de Turenne, de Hoche, de Marceau, de Desaix, un chef venait dégager sa responsabilité en vouant son lieutenant à l'infamie, cela ne s'était jamais vu ! Étions-nous donc destinés à le voir désormais ? Dieu merci, nous n'en étions pas là. Tout de suite, bien avant que la justice militaire eût refusé de poursuivre le lieutenant-colonel Herbinger, l'opinion publique avait jugé que l'absence de caractère rendait le général Brière de l'Isle éminemment impropre à conserver son commandement. Il faut qu'elle juge maintenant, par le simple exposé des faits, si le général de Négrier, au lieu de s'enfermer dans un silence prudent, n'aurait pas fait plus pour sa gloire, en publiant, à la décharge du colonel Herbinger, la vérité sur la déplorable situation de Lang-Son, ainsi que sur les tristes conditions où avait eu lieu la remise du commandement.

Voici les faits :

Le 21 mars, la brigade de Négrier occupait :

Lang-Son, avec 2 bataillons de la Légion. . . . 1000 hommes.
— 2 compagnies du bataillon d'Afrique. 250 —
— 1 bataillon du 143e. . . . . . 430 —
— 2 batteries de 80^m, chacune de 4 pièces. . . . . 8 pièces.
— 1 batterie de 4 de montagne. . . 6 —
Dong-Dang, avec 1 bataillon du 23e. . . . . 350 hommes.
— 1 bataillon du 111e. . . . . 400 —
— 2 sections de 80^m. . . . . . 4 pièces.

Le lieutenant-colonel Herbinger commandait à Dong-Dang.

A deux heures du matin, attaque sur les avant-postes et tentative de surprise par un ravin : le passage était bien surveillé par un petit poste, la surprise n'aboutit qu'à une pétarade inoffensive.

Fusillade intermittente toute la matinée.

La brigade arrive de Lang-Son à cinq heures du soir.

Le 23 mars au matin, marche en avant. Le seul bataillon du 23e est laissé à Dong-Dang. Il faut débusquer l'ennemi qui tient la route. Le lieutenant-colonel Herbinger attaque les avant-postes avec le bataillon du 143ᵉ et un bataillon de la Légion. Trois ou quatre fortins sont pris, mais il en reste une foule d'autres plus en arrière. La nuit se passe au contact. Dans la soirée, le ravitaillement en cartouches et en munitions ne peut avoir lieu par suite de la maladresse du parc, qui n'a pas su trouver sa route.

L'ordre est donné d'attaquer le 24 à l'aube, mais il fait du brouillard, heureusement. Cela donne le temps aux cartouches d'arriver vers neuf heures. L'attaque est déjà commencée, elle se poursuit toujours, mais l'artillerie ne peut plus appuyer le mouvement, elle n'a plus d'obus. Malgré cela, un fort est encore enlevé, puis on se trouve au pied d'une hauteur boisée d'un relief énorme. En ce moment, le colonel Herbinger est engagé avec 3 compagnies du 143ᵉ, on lui envoie deux compagnies de la Légion.

Tout à coup on sonne *en retraite*. Les troupes d'Herbinger maintiennent leurs positions jusqu'à ce que l'ordre soit confirmé par billet. Le bataillon du 111ᵉ vient d'être écrasé en cherchant à aborder le centre de la position ennemie. Les pertes de ce bataillon sont, en vingt minutes, sur 327 présents : 4 officiers tués, 1 blessé, 84 hommes tués, blessés ou disparus.

La retraite est très calme d'abord, très méthodique, mais bientôt la conduite s'accentue, l'ennemi finit par faire rouler des rochers sur la colonne. A la nuit, on a rejoint le poste de Cua-Aï, position fortifiée à 6 kilomètres en avant de Dong-Dang. Là, la poursuite s'arrête. Le soir même, la retraite continue sur Dong-Dang.

Le lendemain 25, le poste de Dong-Dang est évacué, on se retire sur Lang-Son. Il n'y a pas de poursuite.

Dans l'intervalle sont arrivés les renforts de France, soit environ 500 hommes pour la Légion, 300 pour le bataillon d'Afrique, 600 pour le régiment de France. Tout ce monde arrive épuisé par des marches extravagantes et dans un désordre sans pareil. Il commence à en arriver le 25, à midi, et il en arrive toujours jusqu'au lendemain à la même heure. C'est une lamentable débandade. Tant bien que mal on incorpore le tout.

Durant toute la journée du 26, on s'occupe de la défense de Lang-Son.

Le 27, les avant-postes ont le contact; tout le jour on prend les emplacements d'alerte, on rentre à la nuit.

Le 28, à dix heures du matin, la générale. Ky-Lua, notre cantonnement le plus avancé, est vigoureusement attaqué. Les Chinois sont refoulés vers quatre heures, mais le général de Négrier est blessé, et c'est à ce moment que le commandement passe au lieutenant-colonel Herbinger.

Le situation est alors celle-ci :

Les cartouches complétées (à 120 par hommes), il en reste 63 000, plus 84 000 attendues pour le lendemain soir.

Il y a des vivres pour huit à dix jours, sans compter ceux du sac; c'était plus qu'il n'en fallait.

Chaque pièce de 80^m a 166 coups.

En arrière, 80 kilomètres de défilés; l'un d'eux gardé, à moitié distance, par deux compagnies de tirailleurs tonkinois et une quarantaine de malingres; l'autre libre. D'ailleurs, des passages en tous sens pour les Chinois qui n'ont pas d'artillerie et cheminent à l'aise dans la vase des rizières.

En avant, 35 000 hommes environ. L'avant-garde, battue le 28 à Ky-Lua, pouvait être évaluée à 5 ou 6000 hommes; mais l'appréciation générale était que, le 24, on avait eu affaire *à la valeur d'un gros corps d'armée*. Il est bon d'ajouter que, ce même 24, la retraite avait été déterminée, non seulement par l'échec du 111°, mais surtout par une attaque de troupes fraîches, par les deux ailes, sur la réserve postée au défilé de Cua-Aï.

L'idée qui vint au lieutenant-colonel Herbinger dut être celle-ci : Les Chinois vont m'attaquer avec une dizaine de mille hommes, puis passer derrière moi avec le reste. Faute de cartouches, il faudra bien finir par s'en aller, et ce sera avec l'ennemi en flanc, en tête et en queue. Donc, il faut profiter de la remise de main de la soirée et prendre sa distance.

Pour bien concevoir tout ce qui pouvait se présenter à l'esprit dans une pareille minute, l'on doit se rappeler que la défense du delta, dans cette direction, était assurée par les forts de Chu et de Kep. Comment étaient-ils occupés? Dans le premier 200, dans le second 150 malingres. Quelque diligence qu'elle fît, nulle colonne, en supposant la route libre d'obstacles, ne pouvait arriver à Lang-Son avant dix à douze jours.

Lang-Son a donc été abandonné dès le 28 au soir; la retraite s'est effectuée sur deux colonnes jusqu'à Dong-Son. L'ordre a été donné d'y tenir coûte que coûte. Toutefois, l'ennemi menaçant de déborder par la droite, le général Brière de l'Isle a envoyé, par télégramme, une autorisation *dissimulée* de poursuivre la marche. La retraite est alors continuée vers Chu avec un semblant de poursuite le 31 mars seulement.

Les faits que nous venons de reproduire en leur laissant leur simplicité militaire, nous avons longtemps et vainement cherché à en retrouver même une ombre affaiblie ou une version contradictoire dans les correspondances venues de Hanoï. Une seule, publiée par le *Petit Moniteur* du 6 novembre, nous a paru intéressante à recueillir. Elle nous donne gain de cause et n'a pas été contredite.

Le correspondant, que nous tenons à citer, est un témoin oculaire :

Assisté à la retraite de Pho-Ty, à Chu, dit-il, au combat de Dong-Son.
30-31 mars.

En France, on ne parle jamais que de la bataille de Lang-Son, qui a amené la retraite; du combat de Dong-Dang. Les journaux disent que le lieutenant Normand a été tué à Dong-Dang, etc. Tout cela est faux.

Le grand désastre de la campagne, l'origine de la retraite, c'est Bang-Bo (le combat du 24 mars). La bataille a eu lieu en Chine, à 6 kilomètres de la frontière du Tonkin.

Nous y avons perdu 380 hommes et 13 officiers : 160 hommes et 6 officiers sont restés sur le champ de bataille. Sur ces 160 hommes, la moitié était blessée et est tombée vivante aux mains des Chinois, qui leur ont scié la tête. Des 6 officiers, 5 ont été blessés et ont subi le même sort. Des 7 autres officiers mis hors de combat, un est mort le jour même, l'autre le lendemain.

C'est ce désastre qui a été la cause de la déroute; c'est lui qui a démoralisé et apeuré nos hommes, c'est lui qui a rendu l'audace aux Chinois et a précipité 40 000 d'entre eux sur le Tonkin.

A Dong-Dang, il n'y a pas eu d'affaire : nous l'avons abandonné sans combat. Quant au combat du 28 mars, à Lang-Son, pendant lequel le général de Négrier a été blessé, ç'a été une victoire. La brigade réunie avait 2000 hommes et non pas 6000, comme on l'a dit, et pourtant, grâce à nos retranchements, l'ennemi en plaine a fait des pertes énormes et a abandonné même un peu de terrain. Quant aux responsabilités, voici comment elles doivent être réparties :

Le grand coupable est M. Jules Ferry, qui a commandé un fait d'armes, une victoire au général de Négrier, pour raffermir la majorité chancelante dont il disposait à la Chambre.

Le général de Négrier n'aurait pas dû tenter Bang-Bo, ou, en tout cas, éclairé par la journée du 23 mars, ne pas s'entêter le 24.

Le colonel Herbinger ne pouvait pas tenir à Lang-Son, il eût été certainement cerné le lendemain, et personne ne s'accorde sur la quantité de vivres et de munitions dont il disposait : douze jours, je crois, ce qui est peu. Que serait-il advenu de cette malheureuse brigade décimée et séparée complètement de sa base d'opérations? Le colonel Herbinger a agi en tacticien prudent et habile, et a peut-être sauvé la brigade d'un désastre complet; c'est, à mon avis, et c'est celui de tout le monde ici, le moins coupable.

L'auteur de ces lignes, après avoir donné des faits qui précédèrent l'évacuation de Lang-Son une version en beaucoup de points semblable à la nôtre, passe à l'examen des responsabilités. Nous ferons comme lui. Seulement, nous nous sommes placés tout d'abord sur le terrain purement militaire, et nous y resterons. Nous y gagnerons de pouvoir laisser de côté la personne de M. J. Ferry, dont il a été fait justice, et qui appartient désormais à l'oubli.

Le général de Négrier a témoigné une violente indignation de l'évacuation de Lang-Son. Dès qu'il le put, il télégraphia au ministre de la guerre : « Évacuation Lang-Son à mon corps défendant. » Depuis, il n'a cessé de répéter qu'il ne pardonnerait jamais à Herbinger d'avoir déshonoré sa brigade par un mouvement de recul inexplicable. Voyons, cette indignation est-elle bien sincère, et le général n'abuse-t-il pas un peu du bonheur d'avoir été blessé au moment psychologique? Ne s'était-il pas prononcé jadis avec force contre toute tentative sur Lang-Son et sur l'impossibilité de garder un point aussi exposé? Ses idées sur cette impossibilité ont-elles donc été modifiées par le combat de Bang-Bo? Bang-Bo, mais c'est là le nom que devrait porter la retraite et non celui de Lang-Son; c'est Bang-Bo qui est le grave échec de la campagne; c'est là que commence la déroute qui se poursuit sans arrêt jusqu'à Lang-Son. Là, la brigade démoralisée reçoit les renforts surmenés et débandés, lesquels lui ont été expédiés en hâte à peine débarqués. Confusion dans les deux sens. Néanmoins, on songe à mettre Lang-Son en état de défense. Le général de Négrier s'en était donc dispensé jusque-là? Il semble pourtant que plus un poste est en l'air, plus solidement il faut s'y cramponner en remuant la terre, en se couvrant d'ouvrages; la prudence la plus élémentaire l'ordonne. Il est vrai que Lang-Son est une pitoyable position, dominée de toutes parts, un nid à surprises, un traquenard à la Sedan, dont on doit s'en sauver tout d'abord pour voir ensuite. Si cette raison justifie Négrier de n'avoir pas fortifié Lang-Son, elle justifie bien autrement Herbinger de s'être garé à tout prix de cette souricière. Devant l'impossibilité de défendre sérieusement Lang-Son, de deux choses l'une : ou sa conservation importait quand même pour assurer le succès de négociations pendantes; alors le général de Négrier eût dû en être instruit, en instruire son lieutenant; on devait tenir coûte que coûte, et on a eu le plus grand tort de ne rien faire pour améliorer la détestable citadelle qu'on avait entre les mains, au lieu d'aller chercher l'ennemi en Chine : ou bien on avait été tenu en dehors du secret diplomatique, et on n'avait à se préoccuper que des considérations militaires; alors l'évacuation de Lang-Son, vu son déplorable emplacement tac-

tique, devait être prévue; un plan de conduite arrêté d'avance, au cas où l'ennemi viendrait nous chercher dans cette position désavantageuse, devait exister, plan de conduite, que la plus élémentaire prudence faisait une obligation au général de Négrier de communiquer à son successeur éventuel, afin que, au cas d'un malheur, il fût déjà initié et à la situation et aux intentions du commandement. Quels qu'aient pu être les détails de ce projet, il ne pouvait au fond comporter que deux solutions : évacuation de Lang-Son, en restant à portée de ce point et en le maîtrisant des hauteurs voisines; dans ce cas, il fallait s'être assuré d'un réduit, avoir jeté sur le point choisi la première assise d'un petit Plewna;
— évacuation de Lang-Son, pour se replier sur le delta, car, si on abandonne Lang-Son, il est impossible de concevoir l'utilité stratégique d'une position intermédiaire entre ce point et Chu ou Kep.

Donc trois partis à prendre, au cas d'une attaque sur Lang-Son : s'y défendre, — le défendre encore en se repliant légèrement sans le perdre de vue, — l'abandonner et se replier tout à fait.

Le succès des deux premiers partis nécessitait qu'on s'y prît à l'avance, qu'on s'y préparât de longue main. Du moment qu'on n'avait rien fait, c'est qu'on n'admettait ou, tout au moins, qu'on ne rendait possible que la dernière éventualité.

En s'en allant guerroyer en Chine, le général de Négrier a cherché un succès retentissant aux dépens de la prévoyance la plus élémentaire, il a joué follement avec sa brigade sous le prétexte « de se donner de l'air », suivant son expression, et si là, comme toujours, il s'est montré merveilleux soldat, sa réputation de chef formé pour les hauts commandements en a été atteinte. Lorsqu'il a remis les cartes au colonel Herbinger, la partie était trop compromise pour être gagnée : peut-être y aurait-il eu plus de véritable grandeur d'âme et d'honnêteté professionnelle à avouer simplement qu'on l'avait déjà perdue, et que le poids d'un héritage trop lourd n'était pas pour retomber sur un successeur victime des circonstances.

En apprenant que la blessure du général de Négrier lui imposait le commandement, le colonel Herbinger s'est décidé pour la retraite, sans tâtonner, sans hésiter, et, moins d'une heure après, les *impedimenta* de la colonne commençaient le mouvement.

Était-il seul à voir les choses sous cet aspect? Ce serait mal connaître les hommes que de le supposer un instant. L'avis général était qu'on s'était heurté à une force ennemie considérable, qu'on n'avait ni les moyens de défense ni surtout le moral nécessaire pour se laisser acculer dans Lang-Son. Le chef d'état-major du général de Négrier pensait ainsi, et son sentiment s'est maintenu inflexiblement le même à Chu et après la retraite, ce que nous signalons, sans lui en faire honneur, bien entendu, mais parce que, pour quelques-uns, cette retraite de Lang-Son a ajouté un chapitre à l'histoire des variations de l'esprit humain. D'autre part, plusieurs officiers de la brigade, mais c'était la petite exception, pensaient au contraire qu'on voyait la situation beaucoup trop en noir, qu'on exagérait les forces chinoises et surtout leur initiative, qu'en tout cas rien ne pressait, et qu'après le succès de la journée, on devait attendre pour mieux s'orienter. Le commandant Servières était de ce nombre, il s'offrait à rester à Lang-Son avec son seul bataillon. Cette proposition, qui montre assez la valeur et le moral de son auteur, ne pouvait pas être accueillie par un chef convaincu de la gravité de la situation : c'eût été trop d'héroïsme inutile; il est défendu de gaspiller ces choses-là.

Parmi tous les motifs qui plaidaient pour une évacuation immédiate, celui tiré du nombre des troupes chinoises nous paraît seul imparfaitement prouvé. Le sentiment du général de Négrier sur ce point eût été précieux à recueillir; nous regrettons de n'en avoir pu trouver trace. Le seul combat de Bang-Bo pouvait-il suffire à déterminer bien exactement le chiffre des forces adverses? Nous nous prenons à en douter, d'autant que l'attaque de revers eût entraîné, sans nul doute, un désastre total, si elle eût été le fait de masses considérables. Or, après Bang-Bo, on a battu assez vivement en retraite pour n'avoir plus affaire qu'à de simples avant-gardes; l'occasion ne s'est plus offerte de compter l'adversaire. Au Tonkin, on ne le compte que lorsqu'il vous fusille; les renseignements préalables, les données approximatives, ces mille symptômes, qui sont dans un pays civilisé comme le grondement lointain d'une mer humaine, n'existent pas. Le danger là-bas est comme le tigre des jungles, on le touche presque sans s'en douter; tout se confond dans cette nature morne, rien ne s'ébruite, elle est inquiétante cette terre étrange avec son mutisme obstiné, on la conquiert sans lui arracher son secret.

Peut-être le colonel Herbinger a-t-il vu plus de Chinois qu'il n'en avait réellement devant lui; peut-être son imagination leur a-t-elle prêté des ailes et a-t-il pensé que le cercle allait se refermer bien avant que cette émouvante éventualité fût pratiquement à craindre; peut-être, enfin, a-t-il compris *une situation probable* plutôt que *la situation vraie*. Son intelligence remarquable des choses de la grande guerre, son sentiment élevé de la pure tactique, ses connaissances étendues, fruit d'une éducation militaire hors ligne, ont pu lui nuire plutôt que lui servir vis-à-vis d'un adversaire inférieur. Prêter à cet adversaire les allures, les vues, le concept d'un ennemi européen, n'était-ce pas aller trop loin et lui faire trop d'honneur? Avec lui, n'était-il pas loisible de prendre son temps et ses aises, ne pouvait-on garder le contact durant la retraite, se ménager quelques jolis combats de position, tenter, sinon de briser, tout au moins d'émousser son irruption? Ces objections, elles peuvent vous venir après coup; on les formule à l'aise dans son fauteuil par-dessus les événements, mais elles tombent d'elles-mêmes, quand on se met aux lieu et place du commandement le 28 au soir. Conçoit-on qu'on les ait soulevées sérieusement, en discutant la possibilité de se maintenir à Lang-Son?

Une fois fixé sur le danger de rester, nous voyons le colonel Herbinger agir avec une impitoyable résolution; il accepte l'idée de retraite sans arrière-pensée, ce n'est pas une feinte qu'il médite, c'est la rupture brusque du contact, c'est un retour franchement avoué vers les premiers soutiens. Au moins voilà du caractère, et, si tout acte à la guerre doit être la résultante de deux qualités maîtresses, le tact et la résolution, on accordera au moins qu'ici l'une des deux n'a pas manqué. En agissant avec cette promptitude, Herbinger obéissait à cette conviction profonde qu'on n'a pas le droit de battre en retraite devant un ennemi qui cueille au passage les têtes des blessés et n'a jamais fait de prisonniers, comme on en userait vis-à-vis de troupes européennes et sous la garantie des principes respectés du droit des gens. Qu'aurait amené d'ailleurs une retraite pied à pied! En aurait-on moins perdu Lang-Son? Le terrain entre ce point et le delta avait-il une valeur quelconque, n'était-ce pas plutôt le nom seul de Lang-Son qui concentrait tout l'intérêt dans cette affaire, où il n'y avait en somme qu'une question de prestige, c'est-à-dire une fiction et non une réalité?

En résumé, Herbinger a conclu à l'évacuation de Lang-Son, attendu que se laisser cerner, avec une troupe désemparée, par quarante mille Chinois, sans autre but que de leur disputer une baraque croulante, où il courait la chance de n'être pas débloqué, lui a semblé un risque coupable et une ineptie militaire;

Il a voulu cette évacution *immédiate*, attendu que, le dessein une fois arrêté d'abandonner Lang-Son, il n'y avait aucun avantage à y rester vingt-quatre heures de plus, tandis qu'au contraire on avait à redouter du moindre retard qu'il n'amenât des complications graves dans l'exécution du mouvement;

Il a pensé que sur les 80 kilomètres qui séparaient Lang-Son des avancées du delta, il n'existait aucune position d'arrêt qui valût de laisser la brigade en l'air, exposée à être débordée par ses ailes. Donc le plan était d'atteindre Chu et Kep sans s'arrêter;

Il a estimé enfin que, si les mystérieuses profondeurs de la frontière chinoise venaient de s'ouvrir pour vomir sur le Tonkin des masses armées d'un effectif inconnu jusque-là, il était de son devoir, devant la menace d'une prochaine et redoutable invasion, de conserver ce qui restait de la deuxième brigade et de conduire ses troupes, sans perdre de temps, là où seulement elles pourraient s'exposer utilement pour la défense de notre colonie.

Pour tout homme non prévenu, qui veut bien se mettre au point où en étaient les choses à Lang-Son, le 28 au soir, et non le 29 et jours suivants, l'appréciation d'Herbinger paraît indiscutable. Le détail des munitions, des cartouches, des vivres, la destruction et les pertes d'objets inséparables d'une retraite rapidement menée, tout cela devient accessoire en raison du but poursuivi, dès l'instant que ce but a paru justifié. Ce sera pourtant sur tous ces détails examinés à la loupe, avec une minutie ridicule, si elle n'eût été haineuse, comme on règlerait le compte d'un capitaine d'habillement dont l'emballage eût laissé à désirer dans un changement de garnison, que sera échafaudée, ainsi que nous allons le voir, l'accusation passionnée du général Brière de l'Isle, ou, ce qui revient au même, celle de son exécuteur des hautes œuvres, le colonel Borgnis-Desbordes.

Quels sont donc les points précis de l'accusation?

1° Lang-Son n'eût pas dû être évacué; le colonel Herbinger avait des vivres, des munitions en quantité suffisante, il savait qu'un convoi de ravitaillement était en route pour le rejoindre. *En abandonnant son poste*, soit qu'il ait perdu la tête devant un danger imaginaire, soit que, blâmant l'opération de Lang-Son, il mît son orgueil à en démontrer la folie, soit pour toute autre cause, il est coupable d'avoir livré une *place forte* à l'ennemi.

La preuve que l'ennemi n'était pas pressant, c'est qu'il n'est entré dans Lang-Son que deux jours après, c'est qu'on avait laissé un certain nombre de légionnaires ivres qui purent, sans être inquiétés, s'en aller le lendemain et rejoindre la colonne.

Le colonel Herbinger a abandonné fiévreusement tout le terrain entre Lang-Son et le delta, sans prendre le temps de regarder en arrière. Il eût vu qu'il n'était pas suivi, si ce n'est par des partis insignifiants, il se fût arrêté pour reprendre haleine, raffermir la confiance, voir venir, et sa retraite n'aurait pas eu les apparences d'une fuite. D'ailleurs, l'événement a prouvé que le danger continuait à être exclusivement dans son imagination, puisque les Chinois ne sont arrivés que beaucoup plus tard sur certains points qu'il avait quittés, et n'ont même jamais paru sur certains autres.

Nous n'insisterons pas sur la *place forte* de Lang-Son, ce serait tomber dans le domaine de la plaisanterie. Le convoi, sur lequel

Herbinger doit compter comme s'il le tenait, ne nous semble pas beaucoup plus sérieux, car si, comme tout le fait prévoir, il est cerné dans Lang-Son, le convoi sera pour les Chinois.

Ce qui est plus spécieux, c'est cette tendance à incriminer une décision militaire, en la mettant en regard de la succession des faits accomplis. Mais il ne s'agit pas de juger d'après ce que les Chinois ont fait, mais bien d'après ce qu'ils pouvaient faire! Pouvaient-ils, oui ou non, ayant attaqué Ky-Lua le 28, s'en prendre à Lang-Son le 29? Était-il probable que les choses se passeraient ainsi? Oui, assurément, et, si oui, le chef, qui eût tablé sur l'hypothèse contraire, eût été fou à lier. De même, pendant la retraite, si les Chinois n'ont pas occupé aussi vite qu'on pouvait le craindre certains points où leur apparition eût pu en compromettre la sécurité, leur faute n'infirme en rien le calcul du colonel Herbinger. Pour quiconque se trouve appelé à décider dans une alternative de guerre, sans rien pour le guider dans le dédale d'un redoutable inconnu, il vaut mieux prêter aux intentions d'un adversaire plus qu'elles ne contiennent que de leur en prêter moins. La valeur tactique et morale de l'adversaire est sans doute une des données du problème, et on doit jouer d'autant plus serré qu'on a affaire à plus forte partie. Est-ce donc à dire que les Chinois seraient devenus tout à coup un ennemi à dédaigner? Les rapports du Tonkin ont exalté leur résistance, et nous avons applaudi d'autant plus volontiers aux récompenses qui en étaient la conséquence, qu'on nous disait nos soldats plus exposés aux coups d'un ennemi plus habile. Ces mêmes Chinois seraient-ils devenus méprisables par le seul fait qu'il faille charger Herbinger?

2° Certains témoignages établissent qu'Herbinger était très surexcité; on a même été jusqu'à prétendre qu'il était ivre.

Un peu de surexcitation serait excusable jusqu'à un certain point; toutefois, cela n'existe même pas, tous les officiers de l'état-major Négrier, qui remplissaient les mêmes fonctions près de son successeur, sont là pour l'affirmer. Or, si le calme et le sang-froid d'Herbinger avaient paru suspects, qui pouvait mieux en juger que les officiers de son entourage immédiat? Quelle valeur a l'appréciation d'un officier de troupes quelconque, interpellé peut-être brusquement, qui conclut à la surexcitation chez son chef, et se prononce carrément sur son état d'esprit d'après la vivacité d'un ordre donné au milieu du tumulte?

L'accusation d'ivresse! On n'a pas réfléchi en la formulant que ce qui lui infligeait le meilleur démenti, c'était l'évacuation même de Lang-Son. En admettant qu'un homme, dont la bravoure n'a plus ses preuves à faire, ait l'ivresse assez facile pour y succomber dans de pareilles circonstances, ce n'est pas en retraite qu'il eût conduit sa troupe, c'est à l'ennemi, obéissant à l'idée fixe d'un cerveau confus, à l'inspiration instinctive de foncer sur le danger.

3° Le départ de Lang-Son s'est effectué dans le plus grand désordre et avec une telle précipitation, qu'on a abandonné des approvisionnements et, ce qui est plus grave, une batterie et le trésor.

S'il y a eu désordre au point de départ, les causes ne manquaient malheureusement pas. Un danger, d'autant plus terrible qu'il était mystérieux, planait sur la brigade depuis Bang-Bo; ce grand déploiement de forces, cette poursuite acharnée, ces pertes inusitées, tout dans la situation semblait effrayant depuis quelques jours; cet inconnu éprouvait les troupes au moins autant que les privations et les fatigues; elles n'étaient certes plus très en main, et les renforts de France, arrivés dans ces circonstances exceptionnelles, n'avaient pu, en respirant cet air de défaite, gagner au contact des camarades qu'ils rejoignaient un entrain et un élan extraordinaires. La blessure du général de Négrier, qu'on représentait comme beaucoup plus grave qu'elle n'était réellement, l'ordre de retraite survenant à la fin d'une journée de combat, les difficultés toujours inséparables de la mise en route des *impedimenta*, difficultés qui n'éclatent aux yeux que dans une retraite, parce qu'alors le convoi prend la tête, et qu'on est tenu d'être spectateur forcé des lenteurs de son ébranlement et de souffrir des péripéties de son interminable défilé, — tout cela tenait à un état de choses indépendant de la volonté humaine et n'est pas imputable au malheureux sacrifié qui prenait le commandement dans un pareil moment. A-t-il repris sa troupe en main durant la marche, la retraite s'est-elle effectuée en bon ordre : voilà tout ce dont il a à rendre compte, et sous ce rapport, on n'articule rien contre lui.

Arrivons à la batterie. Il y avait du 4 de montagne, qu'on avait traîné jusqu'à Lang-Son avec une peine incroyable et peut-être exagérée pour le profit qu'on en pouvait attendre, car chacun sait que le 4 de montagne, aujourd'hui mis de côté, n'a jamais été une bonne pièce. Au moment où le tour d'entrer dans la colonne arrivait pour cette batterie, son capitaine-commandant, et le chef d'escadron de Douvres, qui dirigeait l'artillerie de la colonne, vinrent avertir le lieutenant-colonel Herbinger qu'il leur était impossible de recommencer en retraite les tours de force auxquels ils avaient eu recours pour hisser les pièces jusqu'à Lang-Son. Qu'avait à faire le colonel? Fallait-il renoncer à la retraite ou aux canons? Puisque le principe de la retraite était admis, il n'y avait pas à hésiter. Herbinger a donné l'ordre de jeter les canons dans l'*arroyo*, afin que l'ennemi ne les ait pas. Il eût pu, à la vérité, usant d'un procédé commode, dire au commandant de Douvres : Vous êtes responsable de vos pièces, débrouillez-vous pour les tirer de là. Il a cru qu'un chef ne se dérobe pas; que, lorsqu'on a l'honneur de conduire une colonne, on a charge de tout ce qui s'y passe, et qu'on couvre ses subordonnés toujours, quand même, même dans leurs disgrâces. Tout le monde n'est pas Brière de l'Isle.

Enfin, c'est le trésor, quelques centaines de mille francs en piastres, jetés à l'eau faute de moyens de transport. Les coolies manquaient, les coolies n'aiment pas la poudre. L'on s'est demandé pourquoi, au lieu de précipiter le trésor dans le fleuve, on ne l'avait pas réparti entre les soldats? Semblable distribution eût été la ruine de ce qui restait de discipline, une partie des hommes, ayant de quoi boire, n'y aurait pas manqué : que serait-il alors resté dans la main et qu'aurait-on ramené?

Le colonel Borgnis-Desbordes attendait à Chu le lieutenant-colonel Herbinger, pour le relever de son commandement et le remplacer à la tête de la brigade. Dans l'esprit du général Brière de l'Isle, Herbinger devait être exécuté, car il était coupable non seulement d'avoir abandonné Lang-Son, mais, chose bien autrement grave, il était surtout coupable de ce que le général Brière de l'Isle avait perdu la tête et fait choir le gouvernement dans une minute d'égarement. A Chu, Herbinger fut reçu comme un malfaiteur; le colonel Borgnis-Desbordes lui fit subir un interrogatoire insultant, et la dignité du malheureux officier fut à ce point outragée, qu'il eut la sombre inspiration de se réfugier dans la mort. Il n'y a pas cédé, heureusement, c'eût été faire trop beau le jeu de ses accusateurs. Bientôt il était embarqué pour la France, à la disposition du ministre de la guerre. Par une coïncidence digne d'être notée, avec lui s'embarquait le commandant Le Dentu, ancien chef d'état-major du général Brière de l'Isle quand il commandait la première brigade, passé à l'état-major du corps expéditionnaire lorsque son chef avait remplacé le général Millot. Le réquisitoire de M. Borgnis-Desbordes avait pris les devants, toutes les pièces du procès étaient au dossier, le général Campenon allait pouvoir se prononcer dans cette étrange affaire et donner raison à qui de droit. La tâche, à vrai dire, était ardue; rendre l'honneur au colonel Herbinger, c'était désavouer publiquement le général Brière de l'Isle et le général de Négrier; trop de généraux en vérité pour un simple lieutenant-colonel. Pareille justice intransigeante n'est plus de notre époque, il y faut un caractère et une trempe de conscience qui ne sont plus dans nos mœurs; les demi-mesures sont moins compromettantes. Le ministre penchait pour ces dernières. Il y avait tout avantage à enterrer provisoirement cette question trop brûlante, et, lorsque la curiosité publique serait lassée, qui songerait à l'exhumer? Elle se trouverait alors enterrée pour de bon.

La première condition pour réussir était d'obtenir de l'inculpé un silence absolu : ordre lui fut envoyé au débarquement, par l'intermédiaire du général commandant à Toulon, de ne pas ouvrir la bouche et de ne voir personne avant de s'être présenté au ministre. La consigne fut exécutée par Herbinger, au sens absolu du mot. Durant les quelques jours qu'il passa à Paris chez sa mère, sa porte fut fermée à tout le monde, aux curieux, aux journalistes, aux importuns, mais, ce qui était plus dur, aux amis qui venaient lui serrer la main; et, si quelques-uns de ces derniers réussirent à forcer cette porte, ils ne vinrent jamais à bout du silence que le colonel s'était imposé. Toute son énergie fut employée à garder l'implacable secret qui lui torturait le cœur, et il repartit pour une nouvelle et épuisante traversée, sans une plainte, sans un mot d'amertume, presque content d'avoir enfin obtenu ces juges qu'il suppliait le ministre de lui accorder, mais qu'on aurait bien dû, par simple humanité, ne pas le renvoyer chercher à Hanoï. Son suprême espoir cette fois encore allait être trompé; ce jugement au grand jour, ce débat public, il ne les aurait point. Au bout de tant de douleurs refoulées, de tant de révoltes domptées, de tout ce martyre moral, pas même cette amère joie de pouvoir crier à pleine poitrine : A bas les masques! de pouvoir prendre à part chacun de ceux qui se refaisaient une réputation des lambeaux de la sienne, et leur dire : Toi, je t'ai vu dans tel moment, voilà tes paroles, voilà tes actes, que chacun reprenne ce qui lui appartient, je ne serai pas le dernier à revendiquer ma part, et nous paraîtrons tous ensemble devant le conseil!

On demandait la lumière : l'ordonnance de non-lieu n'a été qu'une lueur. Elle s'est bornée à nous apprendre que la conduite du colonel Herbinger ne tombait pas sous le coup du Code pénal militaire :

1° Pour abandon d'une place forte à l'ennemi;

2° Pour bris et destruction volontaires du matériel confié à ses soins.

Nous le savions de reste; nous savions qu'il avait fallu toute la passion de ses accusateurs pour assimiler une citadelle annamite à une place forte; nous savions tout ce que peut couvrir de malveillance cette incrimination de perte volontaire d'effets militaires.

Pour la réputation militaire d'Herbinger, car son honneur n'a pas été un instant en cause, pour l'équitable répartition des responsabilités de Lang-Son, nous regrettons que l'ordonnance de non-lieu ait clos l'instruction. La séance du conseil nous eût reservé d'intéressantes surprises, il s'y fût produit des échappées de lumière, des explosions de vérité, dont notre religion, si longtemps et si cyniquement bafouée, eût goûté le dédommagement. Et puis, si Herbinger est vraiment coupable, si toutes les apparences sont trompeuses, si tout ce qui nous a paru clair et logique est faux, s'il n'est pas le bouc émissaire jeté en pâture à l'opinion pour sauver le reste, si, en supprimant Herbinger, Lang-Son et Bang-Bo deviennent des triomphes, alors, comme avant, nous regrettons le jugement public et solennel, car, dans une armée, plus encore qu'ailleurs, les sous-entendus ne sont pas permis.

Avant de finir, nous ne pouvons passer sous silence l'émouvante déclaration de M. Germain, membre de l'ancienne commission du Tonkin. Elle a fait le tour de la presse. Dans un très remarquable article, une de nos meilleures publications militaires, *l'Avenir militaire*, a reproduit les paroles de M. Germain, en y ajoutant des commentaires qui méritent d'être retenus. Nous les citons en entier :

Au cours de la récente période électorale, dans un discours prononcé à Châtillon-sur-Chalaronne, M. Germain a fait la grave confession qui suit :

« Je puis enfin parler, maintenant que l'arrêt du conseil de guerre est rendu. J'ai été membre de la commission du crédit de 200 millions pour le Tonkin, j'ai vu les dépêches du général de Négrier télégraphiant :

« Je suis enveloppé, écrasé ; attendez-vous aux événements les plus graves. Nous manquons de tout. Ravitaillez Lang-Son par tous les moyens. »

C'est triste à dire, c'est une honte pour le pays, le colonel Herbinger a été mis sur la sellette pour des motifs politiques. Que tout le monde le sache, nos soldats et nos marins ont été des héros ; s'ils n'ont pas toujours été victorieux, c'est notre faute ; c'est que le gouvernement les laisse manquer des moyens, des ressources nécessaires.

D'autres se sont chargés de flétrir les politiciens qui ont, de sang-froid, ordonné la marche sur Lang-Son, envoyé nos soldats au massacre, et qui, pour sauver leur responsabilité, ont tenté de perdre un loyal et brave officier.

Mais il y a à tirer de ces faits quelques enseignements au point de vue militaire.

La peur des responsabilités, a dit M. de Bismarck, est une maladie qui travaille tout particulièrement notre siècle, une maladie qui a pénétré jusqu'aux sommets de l'arbre social. Certes, il est peu d'hommes d'État qui aient su s'affranchir de ce redoutable fléau, comme le chancelier de l'empire germanique. Hélas! la guerre du Tonkin est venue révéler combien sont rares, dans les rangs de notre corps d'officiers, les âmes de la trempe de celle du Richelieu prussien.

Dans cette malheureuse affaire de Lang-Son, toutes les responsabilités se sont évanouies comme par enchantement pour ne plus laisser exposé aux colères de l'opinion publique et du gouvernement que l'infortuné colonel Herbinger, transformé en bouc émissaire.

Une guerre funeste et fertile en mécomptes, où s'engloutissent notre or et le meilleur de notre sang, avait eu du moins l'heureux résultat de désigner, à la foi du soldat et aux espérances de la foule, des chefs jeunes, intelligents et intrépides. La France se prenait à saluer joyeusement ceux qui effaçaient le stigmate de ses anciennes défaites, et qui, en relevant le prestige de ses armes, rendaient la confiance à ses jeunes bataillons. Pourquoi faut-il que ces brillants généraux aient eux-mêmes, dans une heure de défaillance, diminué leur propre gloire et prouvé qu'ils ne possédaient pas, au même degré, que le courage militaire, le courage plus rare mais non moins nécessaire à des chefs d'armée?

« Les dépêches adressées, à plusieurs reprises, par le général Brière de l'Isle, au gouvernement, manifestaient son opposition énergique à une marche vers le nord. L'opinion du général de Négrier n'était pas moins formelle : quand il fut contraint d'entreprendre la marche déconseillée par lui, il en prévoyait l'issue.

Les télégrammes, vus par M. Germain, témoignent, d'une manière irréfutable, que le général de Négrier, à Lang-Son, se rendait compte, avant sa blessure, de l'état désespéré des affaires, et qu'il avait prévu l'éventualité de la retraite. Le colonel Herbinger, mis subitement à la tête des troupes, ne fit, en présence de l'aggravation de la situation, qu'exécuter le plan conçu par son ex-supérieur.

Pourquoi donc, à la nouvelle de l'échec, le général Brière de l'Isle a-t-il, dans une dépêche qui trahissait l'affolement, désigné d'avance le colonel Herbinger comme un coupable? Pourquoi le général de Négrier n'a-t-il pas trouvé un mot à dire pour défendre son lieutenant et déclarer, avec l'autorité de sa vaillance, déjà légendaire, que la retraite n'était pas une défaillance, mais une nécessité?

Nous osons, dans un intérêt supérieur, faisant violence à la sympathie respectueuse que nous avons pour ces deux généraux, dire que, en cette circonstance, un des plus impérieux devoirs du commandement n'a pas été accompli par eux.

Dénoncer son subordonné à la vindicte publique est un fait sans précédent; l'originalité de l'invention appartient en propre au général Brière de l'Isle; ce sera le couronnement de sa carrière militaire. Autrefois, la Convention avait ses commissaires civils aux armées; les têtes des généraux tombaient sous leurs délations. Sommes-nous en progrès? la délation va-t-elle s'instituer en permanence au sein même de l'armée, supérieurs et inférieurs lutteront-ils sur ce terrain à armes égales? Non, mille fois non, car, quel que soit le gouvernement qui nous conduise, quelle que soit l'époque troublée que nous traversions, nous sommes toujours la France.

Ce travail était à peine achevé, lorsque le général Brière de l'Isle a déposé devant la commission du Tonkin. Il a été aussi net, aussi affirmatif, aussi catégorique que possible; il l'a été trop. Nous maintenons donc plus que jamais le titre et la raison d'être de cet article : A la recherche de la vérité sur l'évacuation de Lang-Son.

La vérité n'est pas plus faite après qu'avant cette déposition.

Il y avait chose jugée et l'on pouvait nous répondre qu'il valait mieux qu'on en restât là. Aujourd'hui, tout est remis en question. L'accusation rouvre le débat : la défense doit avoir son tour. Le colonel Herbinger répondra devant la Commission. L'inférieur crachera sur le supérieur, comme celui-ci a bavé sur celui-là. Triste temps qui nous réserve de tels spectacles, triste avenir si de telles mœurs militaires parvenaient à s'acclimater chez nous! Voilà qu'après avoir réclamé la lumière, il nous prend comme une honte, une fiévreuse envie de nous voiler la face. Après... quand la preuve sera faite, lâcheté ou gredinerie, quoi qu'il sorte, ce sera toujours l'armée qui restera atteinte dans ses fiertés, celle qu'elle porte en soi et celle qu'elle inspire.

www.ingramcontent.com/pod-product-compliance
Lightning Source LLC
Chambersburg PA
CBHW060552050426
42451CB00011B/1868